BEI GRIN MACHT SICH IHR
WISSEN BEZAHLT

Johannes Bellebaum

Die Grammatik der gesprochenen Sprache: Prosodie

GRIN Verlag

Bibliografische Information der Deutschen Nationalbibliothek:

Die Deutsche Bibliothek verzeichnet diese Publikation in der Deutschen National-bibliografie; detaillierte bibliografische Daten sind im Internet über http://dnb.d-nb.de/ abrufbar.

Impressum:

Copyright © 2010 GRIN Verlag GmbH
Druck und Bindung: Books on Demand GmbH, Norderstedt Germany
ISBN: 978-3-640-89107-8

Dieses Buch bei GRIN:

http://www.grin.com/de/e-book/170106/die-grammatik-der-gesprochenen-sprache-prosodie

GRIN - Your knowledge has value

Der GRIN Verlag publiziert seit 1998 wissenschaftliche Arbeiten von Studenten, Hochschullehrern und anderen Akademikern als eBook und gedrucktes Buch. Die Verlagswebsite www.grin.com ist die ideale Plattform zur Veröffentlichung von Hausarbeiten, Abschlussarbeiten, wissenschaftlichen Aufsätzen, Dissertationen und Fachbüchern.

Besuchen Sie uns im Internet:

http://www.grin.com/

http://www.facebook.com/grincom

http://www.twitter.com/grin_com

Westfälische Wilhelms-Universität Münster
Germanistische Fakultät
Abteilung für Sprachwissenschaft
Vertiefungsmodul Sprache
Seminar im Wintersemester 09/10
Grammatik der gesprochenen Sprache in Theorie und Praxis

Prosodie
Eine Referatsausarbeitung

Johannes Bellebaum

5. Semester, BA-KIJU
katholische Theologie und Germanistik

Inhaltsverzeichnis

1. Einleitung

„Es ist ebenso interessant und schwer, etwas gut zu sagen, wie es gut zu malen ist."[1] Gesprochene und geschriebene Sprache können trotz identischem lexikalischem Aufbau unterschiedlich aufgefasst werden. Dies liegt in erster Linie an der Prosodie, dem zentralen Unterscheidungskriterium zwischen Sprechen und Schreiben.[2] Obwohl die Interpunktion im Bereich der Schrift ein Pendant zu prosodischen Äußerungseigenschaften darstellt, ist das Ausdrucks- und Gestaltungspotential der Prosodie ungleich höher.[3] Sie unterstützt beim Verständnis gesprochener Sprache und erlaubt eine genauere Interpretation syntaktisch und semantisch mehrdeutiger Sätze.[4] Die Prosodie ist ein hochgradig komplexes System, dessen in der Praxis untrennbar zusammengehörenden und stets zusammen auftretenden Kategorien in der Theorie unterschieden und einzeln betrachtet werden können.[5]

2. Die Kategorien

2.1 Der Akzent

2.1.1 Definition

Jede einzelne Silbe einer Aussage kann mit einer unterschiedlich starken Betonung versehen werden. Dazu wird jeder Silbe eine Anzahl von „Schlägen" zugeordnet, wobei ein Schlag der Silbe als Solche zugeordnet wird.[6] Zwei Schläge bezeichnen unreduzierte Vokale oder Diphthonge, drei stehen für einen Wortakzent von Simplizia; einem sekundären Äußerungsakzent werden vier, einem primären fünf Schläge zugeordnet.[7] In der Praxis lässt sich diese Zuordnung jedoch nicht immer in dieser Form vorfinden, so dass zur gezielten Veränderung der gewünschten Aussage die Betonung auch abweichen kann.[8] Daher ist der auditive Eindruck entscheidend, der die Maxima und Minima der sprachlichen Segmente auch unter Beziehung von Kategorien wie Intensität, Klangfarbe, Tonhöhe oder Dehnung skaliert.[9] Akzente sind zudem zumeist Wendepunkte, an denen

---

1 VAN GOGH, Vincent: Briefe. In: MÖRTENHUMMER, Monika/MÖRTENHUMMER, Martin: Zitate im Management. 2.,überarb. Aufl. Linde. Wien. 2009. S. 53.
2 Vgl. SCHWITTALA, Johannes: Gesprochenes Deutsch. Eine Einführung. 2., überarb. Auflage. Erich Schmidt Verlag. Berlin. 2003. S.56.
3 Vgl. STEIN, Stephan: Textgliederung: Einheitenbildung im geschriebenen und gesprochenen Deutsch. De Gruyter. Berlin. 2003. S. 325.
4 Vgl. FÉRY, Caroline: Laute und leise Prosodie. In: BLÜHDORN, Hardarik/BREINDL, Eva (Hrsg.):Text – Verstehen. Grammatik und darüber hinaus. De Gruyter. Berlin. 2006. S. 164.
5 Vgl. SCHWITTALA: Gesprochenes Deutsch. S.56.
6 Vgl. Ebd. S. 56.
7 Vgl. Ebd. S. 56f.
8 Vgl. Ebd. S. 57.
9 Vgl. MAAS, Utz: Phonologie. Einführung in die Phonetik des Deutschen.Vandenhoeck & Ruprecht.

sich der Intonationsverlauf einer Aussage ändert.[10]

2.1.2 Funktion

Mit einem Akzent werden diejenigen Teile einer Aussage betont, denen eine besondere informative Wichtigkeit zugeordnet wird.[11] Hierbei lassen sich zwei Fälle unterscheiden. Soll kein Bereich ungewöhnlich stark betont werden, wird von einem Satzakzent gesprochen.[12] Hierbei lässt sich bei der Betonung mehrerer Elemente eine rhematische Hierarchie feststellen, bei der sich die verschiedenen syntaktischen Kategorien ihrer Wertigkeit als Akzentträger entsprechend ordnen lassen und unabhängig vom einzelnen Satz stets das gleiche Wertigkeitsverhältnis zueinander haben.[13] So hat ein Akkusativobjekt beispielsweise eine höhere Wertigkeit als das Verb, so dass bei Normalbetonung im Satz „Günther hat die Maus gefangen." das Objekt „die Maus" stärker betont wird als „gefangen."

Im zweiten Fall liegt ein Kontrastakzent vor, bei dem der Satz keine Normalbetonung aufweist.[14] So könnte in obigem Beispielsatz ebenso „Günther" betont werden, um seine Person als Fänger hervorzuheben. Ebenso wäre eine stärkere Akzentuierung von „die" möglich, um die Bezeichnung einer konkreten, bestimmten Maus in den Fokus zu rücken. Denkbar wäre ebenfalls die Setzung eines Akzentes auf „gefangen", um die Handlung des Fangens zu betonen und von anderen möglichen Handlungsweisen abzugrenzen. An diesem Beispiel lässt sich aufzeigen, dass ein Kontrastakzent syntaktische Kategorien betonen kann, die in der rhematischen Hierarchie weiter unten stehen als nicht betonte Silben. Kontrastakzente können auch auf zwei separate, syntaktische Einheiten verteilt werden, die zusammen eine intonatorische Einheit bilden.[15] Ein Beispiel wäre die Akzentsetzung auf „furchtbar" und „arme" im Satz „Ich finde es furchtbar, wie sehr arme Kinder leiden."

Es ist möglich, innerhalb eines Satzes mehrere Akzente zu setzen, um mehrere Aspekte zur gleichen Zeit zu betonen oder zwei Sachverhalte zueinander in Beziehung zu setzen.[16] Beispielsweise könnte durch eine Betonung von „Günther" und „die" hervorgehoben

Göttingen. 2006. S. 67.
10 Vgl. Schwittala: Gesprochenes Deutsch. S. 57.
11 Vgl. Ebd. S. 57.
12 Vgl. Ebd. S. 57.
13 Vgl. Uhmann, *Susanne*: Fokusphonologie. Eine Analyse deutscher Intonationskonturen im Rahmen der nicht-linearen Phonologie. Niemeyer. Tübingen. 1991. S. 210-215.
14 Vgl. Schwittala: Gesprochenes Deutsch. S. 58.
15 Vgl. Ebd. S. 60.
16 Vgl. Ebd. S. 58.

werden, dass gerade die spezielle Person des Günthers eine bestimmte, für den Kontext relevante Maus gefangen hat. Aufgrund der im Vergleich zum Satzakzent größeren Anzahl an Möglichkeiten der Akzentsetzung lässt sich eine größere Intonationsbandbreite der Kontrast- zu den Satzakzenten attestieren.[17]

Die zentrale Funktion der Akzentsetzung ist die Markierung des rhematischen Bereiches einer Äußerung, was sich besonders gut am Bereich der W-Fragen erkennen lässt.[18] So wird im Satz „Wann fährt der Zug?" das „Wann" als Zielrichtung der Frage stets mit einem Akzent versehen, unabhängig davon, ob „Zug" ebenfalls betont wird, um seine Besonderheit als bezeichneter Gegenstand – beispielsweise in Kotrastsetzung zu anderen Verkehrsmitteln – hervorzuheben. Ebenso dient der Akzent als Ausdrucksmittel für Emotion, Wertung, Emphase und Eindringlichkeit.[19] Im Satz „Dein Lachen ist einfach wunderschön" beispielsweise dient bei einer passenden emotionalen Beteiligung des Sprechers die Akzentsetzung auf „wunderschön" nicht primär der Vermittlung einer Sachinformation, sondern des Ausdrucks der Gefühle des Selbigen. Hierbei ist zu beachten, dass dieser Effekt nicht allein durch das Mittel der Akzentsetzung erzielt wird, sondern mit einem verlangsamten Sprechtempo, einer veränderten Lautstärke, einer Anhebung der Tonhöhe sowie einer potentiellen Pause vor dem „ist" einhergeht, weshalb der Mechanismus lediglich in der Theorie ohne die Wechselwirkung zu anderen Mechanismen betrachtet werden kann.

2.2 Der Rhythmus

2.2.1 Definition

Das Deutsche verfügt im Unterschied zum Englischen, in dem die Regel der Akzentalternanz gilt, nicht über einen einheitlichen Sprachrhythmus.[20] Akzentverdichtungen, bei denen mehrere akzentuierte Silben aufeinander folgen, widersprechen beispielsweise aufgrund der Notwendigkeit von Dehnungen und Mikropausen dem Prinzip der Sprachökonomie und sind daher eine sprachliche Auffälligkeit.[21] Der Sprachrhythmus bezeichnet eine Regelmäßigkeit, in der mit Hilfe eines Oszillogramms die Lautstärke und Intensität eines sprachlichen Äußerung erfassbar und abbildbar wird.[22] Der Rhythmus stellt somit eine sprachliche Veränderung der Intonation

---

17 Vgl. SCHWITTALA: Gesprochenes Deutsch. S. 58.
18 Vgl. Ebd. S. 60.
19 Vgl. Ebd. S. 61.
20 Vgl. Ebd. S. 62f.
21 Vgl. Ebd. S. 62f.
22 Vgl. PEUKERT, *Hagen*: Kindliche Kalkulation. Eine Computersimulation über den Einfluss stochastischer

auf der phrasalen- oder Satzbasis dar, wohingegen der Akzent auf die Silben- oder Wortbasis fokussiert ist, weshalb man beim Rhythmus von einer Systematisierung der Akzentuierung in einer größeren Aussageeinheit sprechen kann.[23] Im Deutschen wird dieser Rhythmus nur phasenweise aufgebaut und übernommen, was als Isochronie bezeichnet wird.[24]

2.2.2 Funktion

Lässt sich im Deutschen ein Rhythmus ausmachen, so hat er keine fest durch die Sprache determinierte, sondern eine analog zur Akzentuierung betonende Funktion.[25] Er dient der emphatischen Verstärkung von Wertungen, was sich am Beispiel „Mir ist so unerträglich kalt!" bei der Betonung der Silben „un", „träg" und „kalt" aufzeigen lässt.[26] Zugleich dient er der Positionierung zum Gegenüber, was durch ein Anpassen des Rhythmus an den des Gesprächspartners ausgedrückt wird.[27] In diesem Fall werden eigentlich „falsche" Silben akzentuiert, um die sprachliche Einheit rhythmisch zu strukturieren.[28]

2.3 Der Intonationsverlauf
2.3.1 Definition

Der Intonationsverlauf verleiht einer Anhäufung von Satzphrasen eine mit einem musikalischen Motiv vergleichbare interne intonatorische Kohäsion.[29] Durch die Verwendung von Akzenten werden Wendepunkte im Intonatiosnverlauf markiert, der trotz seiner Beschränkung hinsichtlich der Zuschreibung von Tonhöhen auf Vokale und stimmhafte Konsonanten als durchgängiger Verlauf wahrgenommen wird.[30] Intonationsverläufe haben dabei eine Gruppierung von Phrasen oder Sätzen als Grundlage, weshalb sie im Vergleich zu Akzent und Rhythmus die dritte Ebene der Betrachtung prosodischer Akzentierungsphänomene darstellen.

Der Begriff der Betonung, welcher zur Beschreibung der Hervorhebung von Akzenten genutzt wird, darf hierbei zugunsten des Begriffes der Akzentuierung nicht in Bezug auf

Informationen auf die Wortsegmentierung beim Erstsprachenerwerb. Kassel university press. Kassel. 2009. S.55.
23 Vgl. Peukert Kindliche Kalkulation. 2009. S.55-57.
24 Vgl. Schwittala: Gesprochenes Deutsch. S. 64.
25 Vgl. Uhmann, Susanne: Grammatische Regeln und konversationelle Strategien. Fallstudien aus Syntax und Phonologie. Niemeyer. Tübingen. 1996. S.116-119.
26 Vgl. Schwittala: Gesprochenes Deutsch. S. 63.
27 Vgl. Ebd. S. 62f.
28 Vgl. Ebd. S. 64.
29 Vgl. Gilles, Peter: Regionale Prosodie im Deutschen. Variabilität in der Intonation von Abschluss und Weiterweisung. De Gruyter. Berlin. 2005. S. 6.
30 Vgl. Schwittala: Gesprochenes Deutsch. S. 66.

Intonationsverläufe angewandt werden, da unter „Akzentuierung" die Kombination der Parameter Dauer, Lautstärke und Tonhöhe verstanden wird, wohingegen die Betonung eine Eigenschaft der Wortprosodie ist und damit generell auf einer anderen Ebene als die Akzentuierung operiert.[31]

Ein Beispiel für die Analyse eines Intonationsverlaufes stellt die Korrelation von maximal fallender Intonation und dem Ende des Redebeitrags dar.[32] Hierbei muss zwischen isolierten Äußerungen und längeren Beiträgen sowie zwischen vorgelesenen und frei formulierten Texten unterschieden werden, da besonders letztere keine feste syntaktische Funktion der Intonation mehr aufweisen.[33]

2.3.2 Funktion

Die wesentliche Funktion von Intonationsverläufen besteht in der Gliederung von Sprecheinheiten, um dem Hörer die vom Sprecher intendierte Strukturierung des Redebeitrags aufzuzeigen und zu vermitteln.[34] Der Verlauf stimmt häufig mit der grammatischen Satzstruktur überein, muss sich jedoch nicht zwingend mit dieser decken.[35] Des weiteren lässt sich im Bereich der plötzlichen Tonhöhensprünge eine expressive Funktion ausmachen, bei der psychische Erregung, Emphase oder Überraschung ausgedrückt werden kann.[36] Eine hohe Tonhöhe deutet dabei oft eine Kritisierung von in der Sprechhandlung geschilderten Personen im Rahmen einer Konfrontationserzählung an,[37] wohingegen ein plötzlicher Tonabfall Erstaunen, Erschrecken oder eine negative Bewertung ausdrückt.[38] Ein Beispiel wäre eine stark fallende Intonation der Silben „Ar", „ba" und „drei" im Satz „Und nur, weil das Arbeitspensum im Bachelor sich verdreifacht hat, seid ihr unzufrieden?"

2.4 Die Sprechgeschwindigkeit

2.4.1 Definition

Die Sprechgeschwindigkeit lässt sich nur unter Schwierigkeiten einheitlich erfassen.[39] Dies liegt im Besonderen an der unterschiedlichen absoluten Sprechgeschwindigkeit

---

31 Vgl. Gilles: Regionale Prosodie im Deutschen. 2005. S. 6.
32 Vgl. Schwittalla: Gesprochenes Deutsch. S. 67.
33 Vgl. Ebd. S. 68.
34 Vgl. Ebd. S. 70.
35 Vgl. Ebd. S. 70f.
36 Vgl. Ebd. S. 71.
37 Vgl. Ebd. S. 77.
38 Vgl. Ebd. S. 72.
39 Vgl. Ebd. S. 72.

verschiedener Gesprächsteilnehmer, was sich auf der Ebene der verschiedenen deutschsprachigen Regionen anhand des unterschiedlichen Sprechtempos verschiedener Regiolekte zeigt.[40] Aber auch innerhalb einer Sprachgemeinschaft gibt es individuelle Abweichungen des Sprechtempos, so dass nicht die absolute Anzahl an Silben pro Zeiteinheit, sondern die relative in Bezug zur durchschnittlichen Sprechgeschwindigkeit ermittelt wird.[41] Daher ist eine Bewertung des Sprechtempos nur bei einer ausreichenden Datenlage über den vorliegenden Sprecher in wissenschaftlicher, qualitativ hochwertiger Weise möglich.

2.4.2 Funktion

Das Sprechtempo steht auf der funktionalen Ebene in hohem Maße mit der Verteidigung des Rederechtes in Verbindung.[42] Die lückenlose Verknüpfung zweier Sätze oder zweier thematisch abweichender Spracheinheiten erschwert die Übernahme des Rederechtes durch einen anderen Sprecher. Des weiteren lässt sich für Einschübe, Selbstkorrekturen und nachgeschobene Hintergrundinformationen eine Beschleunigung des Sprechtempos in Kombination mit leiserer Stimmführung ausmachen.[43] Wird diese mit einem langsamen Sprechtempo kombiniert, lässt dies Rückschlüsse auf die Hervorhebung der Wichtigkeit des Gesagten zu.[44] Ein Beispiel hierfür wäre im Satz „Bist du sicher, dass du das wirklich willst?" das langsame Sprechen von „wirklich" und „willst." Des weiteren lässt sich einer langsamen Sprechgeschwindigkeit eine ikonisch abbildende Funktion zuweisen.[45] Dies lässt sich an Reisebeschreibungen wie „Dann sind wir bei wunderschönem Sonnenschein in die Berghütte eingekehrt.", bei der die Begriffe „wunderschön" und „Sonnenschein" gedehnt und langsam gesprochen werden, exemplifizieren.

Auf einer generalisierten Ebene lassen sich zwei voneinander unabhängige Parameter ausmachen: die Dichte der Silben pro Zeiteinheit sowie die Dichte der akzentuierten Silben.[46] Sind beide Parameter von hoher Dichte, deutet dies auf Korrekturen oder eine ikonische Verwendung hin. Bei gleichbleibend hohem zweiten Parameter lassen sich bei einer geringen Dichte akzentuierter Silben das Vorhandensein von Parenthesen, Seitensequenzen, nachträglichen Erläuterungen sowie Teilen geringer Relevanz

---

40 Vgl. GILLES: Regionale Prosodie im Deutschen. 2005. S. 227-231.
41 Vgl. SCHWITTALA: Gesprochenes Deutsch. S. 73.
42 Vgl. Ebd. S. 73.
43 Vgl. Ebd. S. 73.
44 Vgl. Ebd. S. 74.
45 Vgl. Ebd. S. 74f.
46 Vgl. Ebd. S. 74.

ausmachen, wohingegen eine geringe Dichte von Silben pro Zeiteinheit auf eine hohe Relevanz oder eine Emphase schließen lässt.[47]

2.5 Die Pause

2.5.1 Definition

Als Pause wird eine Lücke zwischen zwei Redebeiträgen oder einzelnen Turns bezeichnet, die nicht durch sinnstiftende Äußerungseinheiten gefüllt wird.[48] Es wird zwischen zwei Arten von Pausen unterschieden. Gefüllte Pausen gehören zu den Gesprächspartikeln und werden durch Lautäußerungen wie „äh", „öh" oder „m" artikuliert.[49] Stille Pausen werden hingegen ohne lautliche Äußerungen durch Schweigen gebildet. Diese sind besonders hinsichtlich ihrer Position im turnübergaberelevanten Raum von Relevanz und lassen sich anhand einer fallenden oder steigenden letzten Tonhöhenbewegung in Verbindung mit einem hörbaren Ausatmen bestimmen.[50]

2.5.2 Funktion

Auf der funktionalen Ebene wird zwischen Haltepausen, die eine Äußerungseinheit unterbrechen, und Auslaufpausen, die eine segmentierende Funktion haben, unterschieden.[51] Sie können die Ablehnung einer Wertung oder Position ausdrücken oder in Kombination mit leisem, tiefem Sprechen das Ende eines Themas anzeigen.[52] Ebenso kann eine zur Verweigerung der Übernahme des Turns eingesetzte Pause die Funktion haben, den Gesprächspartner zu einer erneuten Äußerung aufzufordern.[53]

2.6 Die Stimmfärbung

2.6.1 Definition

Während eine auffällige, spezifische Artikulationsweise wie Flüstern, Hauchen oder heiseres Sprechen analytisch leicht zu erfassen sind, sind die generellen prosodischen Merkmale eines Sprechers nur schwer durch exakte Begrifflichkeiten zu definieren und zu bestimmen.[54] Es wird eine breite Anzahl an Adjektiven verwendet, um die Stimmfärbung

---

47 Vgl. Schwittala: Gesprochenes Deutsch. S. 74.
48 Vgl. Wolf, Manuela: Prosodische Merkmale von natürlichen Gesprächen zwischen Erwachsenen und Kleinkindern. Grin. Norderstedt. 2003. S. 3f.
49 Vgl. Schwittala: Gesprochenes Deutsch. S. 76.
50 Vgl. Wolf: Prosodische Merkmale von natürlichen Gesprächen zwischen Erwachsenen und Kleinkindern. 2003. S. 5.
51 Vgl. Schwittala: Gesprochenes Deutsch. S. 76.
52 Vgl. Ebd. S. 76.
53 Vgl. Ebd. S. 76.
54 Vgl. Ebd. S. 79.

eines Sprechers anhand von Charakteristika wie hell oder dunkel, klar oder stumpf, warm oder kalt sowie weich oder scharf zu beschreiben.[55] Diese Charakteristika sind – ähnlich im Bereich der Sprechgeschwindigkeit auch – von relativer statt absoluter Natur, so dass eine Bestimmung der Stimmfärbung nur in Abhängigkeit zu anderen Redebeiträgen erfolgen kann, wobei dies durch das weite Spektrum an Be- und Umschreibungsmöglichkeiten durch eine Fülle an möglichen Adjektiven zusätzlich erschwert wird.

2.6.2 Funktion

Die generelle Stimmfärbung eines Menschen wird funktional von einer Vielzahl an möglichen psychischen Zuständen verändert oder – anders gesagt – lässt sich eine Vielzahl an psychischen Zuständen anhand der Färbung der Stimme herauslesen.[56] Diese lassen sich oft in Opposition zueinander setzen, so dass die Stimmfarbe eines Sprechers anhand einer Skala psychischer Grunddispositionen wie fröhlich gegenüber traurig, freundlich gegenüber aggressiv oder erregt gegenüber gelangweilt bewertet werden kann.[57] Funktional lassen sich die Indikatoren für bestimmte Gefühlszustände anhand von Niveau, Streubreite und Variation der Emotion sowie der Lautstärke und des Sprechtempos charakterisieren und gegenüberstellen.[58]

Ebenso ist eine Festmachung an stereotypen Rollen, wie beispielsweise eine pastorale, militärische oder schulmeisterliche Sprechweise, oder an sozialen Merkmalen wie vornehm, preziös oder rockerartig möglich.[59] Des weiteren ist eine Distanzierung oder parodisierende, abwertende Kritisierung einer Person durch eine gespielte, emotional überstilisierte Sprechweise in der Zitation dieser zu kritisierenden Person möglich.[60]

3. Anwendungsbereiche

Die Prosodie hat ein breites Einsatzspektrum, das sich über die Ebenen der Textkonstitution und Interaktionsorganisation erstreckt.[61] Beispiele hierfür sind Bedeutungszuschreibungen und -unterscheidungen tonaler sowie lexikalischer Zeichen, um syntaktisch disambiguierend zu wirken oder die Bedeutung zu intensivieren oder die

---

55 Vgl. Schwittala: Gesprochenes Deutsch. S. 79.
56 Vgl. Ebd. S. 79.
57 Vgl. Ebd. S. 80.
58 Vgl. Ebd. S. 80.
59 Vgl. Ebd. S. 80.
60 Vgl. Ebd. S. 80f.
61 Vgl. Stein: Textgliederung. 2003. S.325f.

Fokusbildung zur Markierung von kommunikativ relevanten Redegegenständen oder Äußerungsteilen.[62] Neben ihren allgemeinen gesprächsrelevanten Steuerungsfunktionen hat die Prosodie jedoch auch darüber hinausgehende, spezifische Anwendungsbereiche. Einer davon lässt sich in der politischen Rede ausmachen. Seit der französischen Revolution ist die Politik eine öffentliche Angelegenheit geworden, die der Legitimierung des Volkes bedarf, so dass die Einflussnahme auf die öffentliche Meinung von besonderer Relevanz ist.[63] Die Sprache übt dabei direkten Einfluss auf die öffentliche Meinung aus, wobei sowohl auf der Ebene des Bewusstseins als auch des Unbewussten Meinungsbildung betrieben wird.[64] Während die bewusste Ebene primär durch Argumente angesprochen wird, erfolgt die Manipulation des Unbewussten sowohl auf lexikalischer als auch prosodischer Ebene. Auf der lexikalischen Ebene wird durch die Verwendung von Euphemismen und Umbenennungen Einfluss auf die Zuhörer genommen.[65] Beispiele hierfür sind die Verwendung des Begriffs der Umsiedlung zur Beschönigung der erzwungenen Vertreibung von Volksgruppen oder der Begriff des Verteidigungskrieges beim Überfall des nationalsozialistischen Deutschlands auf Polen. Auf der prosodischen Ebene ist der Einfluss jedoch noch subtiler, weil er nicht durch die lexikalische Verschleierung von Aussagen – die durch kognitive, reflektierende Überlegungen kenntlich gemacht werden können – sondern durch das Ansprechen des emotionalen Zustandes der Hörerschaft Einfluss auf deren Meinung nimmt. So riss der pathetische, an einen Sektenprediger erinnernde Stil der Reden Adolf Hitlers weite Teile der deutschen Bevölkerung mit.[66] Hitler operierte auf einer universalen, klimatischen Tonhäufung, die prosodische Redeeigenschaften von maximaler Tonhöhe, Lautstärke und Akzenthäufung nach dem Steigerungsprinzip kombiniert, so dass der stärkste Akzent und der Tongipfel ans Ende der Äußerungseinheit rücken.[67] Hierdurch werden Kraft, Energie, Durchsetzungswille und die eigene Entschlossenheit zum Ausdruck gebracht.[68] Des weiteren drückt er durch einen dicht gedrängten Rhythmus mit einem starken Tonabfall am Ende der Äußerung prosodisch seine Gewaltbereitschaft aus.[69] Sprache geht hier weit

---

62 Vgl. Stein: Textgliederung. 2003. S. 325f.
63 Vgl. Trojca, Peter: Euphemismen und Politik. Grin. Norderstedt. 2006. S. 23.
64 Vgl. Ebd. S. 23.
65 Vgl. Muders, Katharina: Manipulation durch Sprache insbesondere am Beispiel der politischen Rede. Grin. Norderstedt. 2007. S. 5.
66 Vgl. Schwittalla, Johannes: Vom Sektenprediger zum Plauderton. Beobachtungen der Prosodie von Politikerreden vor und nach 1945. In: Steger, Hugo u.a.: Texttyp, Sprechergruppe, Kommunikationsbetrieb. Studien zur deutschen Sprache in Geschichte und Gegenwart. De Gruyter. Berlin. 1994. S. 208f.
67 Vgl. Ebd. S. 211.
68 Vgl. Ebd. S. 211.
69 Vgl. Ebd. S. 211.

über ihre Verständigungsfunktion hinaus und wird zum Zweck der politischen und gesellschaftlichen Kontrolle eingesetzt.[70]

Einen zweiten Anwendungsbereich der Prosodie stellt die Werbung dar. Hier wird – ebenso wie im Sektor der Politik – die Gestaltung des Stimm- und Sprechklangs zur Beeinflussung von Menschen eingesetzt.[71] Hierzu werden oft prosodische Hyperbeln verwandt, die so durch übersteigerte Darstellungsformen den Käufer auf einer unbewussten Ebene ansprechen und positive Assoziationen zum angepriesenen Produkt herstellen sollen.[72] Ein Beispiel ist die tiefe, ruhige Stimmlage eines männlichen Sprechers zur Anpreisung eines Autos, das durch seine Zuverlässigkeit werben soll.[73]

Die Einflussnahme durch Sprache muss jedoch nicht stets einen instrumentalisierten, manipulativen Charakter haben. So lässt sich besonders im Bereich des Sprechens von Eltern zu Kleinkindern eine auffällige, stark akzentuierte Verwendung prosodischer Phänomene ausmachen. Beispiele hierzu sind die mit übertrieben hoher Tonhöhe vorgenommenen Imitationen von Lauten und Geräuschen der Kinder durch Erwachsene oder die lautliche Begleitung des Handelns, so dass beispielsweise beim Wickeln eine Verknüpfung von Bewegung und Lauten erfolgt.[74] Generell ist in der Beschäftigung mit Babys und Kleinkindern bei Erwachsenen eine prosodisch stark übersteigerte Sprechweise vorzufinden, was zwei Funktionen erfüllt: Zum Einen kann das Kind durch die kindgemäße Prosodie Sprache sowohl bei einzelnen Wörtern als auch Sätzen und Satzteilen besser in Segmente zerlegen und so die Struktur der Sprache besser begreifen.[75] Zum Anderen erfüllt sie auch eine soziale Funktion, da durch die höhere Tonlage und den erweiterten Frequenzbereich die Aufmerksamkeit des Kindes auf die Sprache gelenkt und so die Kommunikation aufrechterhalten wird.[76]

---

70 Vgl. Trojca: Euphemismen und Politik. 2006. S. 23.
71 Vgl. Reimann, Sandra: Werbung hören. Beiträge zur interdisziplinären Erforschung von Werbung im Hörfunk. Lit. Berlin. 2008. S. 52.
72 Vgl. Ayass, Ruth: Zwischen Innovation und Repetition: Der Fernsehwerbespot als mediale Gattung. In: Willems, Herbert (Hrsg.): Die Gesellschaft der Werbung. Kontexte und Texte. Produktionen und Rezeptionen. Entwicklungen und Perspektiven. Westdeutscher Verlag. Wiesbaden. 2002. S. 161.
73 Vgl. Schwender, Clemens/Wiest, Manuela/Kreeb, Martin: Meister Propper, die Kanzlerin und das Konkurrenzprodukt. In: Dörner, Andreas/Schicha, Christian (Hrsg.): Politik im Spot-Format. Zur Semantik, Pragmatik und Ästhetik politischer Werbung in Deutschland. Verlag für Sozialwissenschaften. Wiesbaden. 2008. S. 160.
74 Vgl. Ministerium für Generationen, Familie, Frauen und Integration des Landes Nordrhein-Westfalen, Referat Öffentlichkeitsarbeit (Hrsg.): Kinder bilden Sprache - Sprache bildet Kinder. Sprachentwicklung und Sprachförderung in Kindertagesstätten. Waxmann. Münster. 2009. S. 132.
75 Vgl. Szagun, Gisela: Sprachentwicklung beim Kind. Vollst. überarb. Neuauflage. Beltz. Weinheim und Basel. 2006. S. 176.
76 Vgl. Ebd. S. 176.

4. Fazit

Die sprachliche Kommunikation stellt die herausragendste Eigenschaft der menschlichen Spezies dar.[77] Die Fähigkeit zu sprechen ist stark an die Verwendung prosodischer Phänomene gebunden, mit deren Hilfe sowohl die Bandbreite an Ausdrucksmöglichkeiten erweitert als auch die Enkodierung sprachlicher Informationen erleichtert wird.[78] Die in der Theorie einzeln betrachtbaren Effekte bilden in der Sprachpraxis einen auditorischen Gesamteindruck, der sich durch einen hohes Maß an Kohärenz auszeichnet.[79] Die Prosodie wird sowohl auf der bewussten Ebene zur Verstärkung der eigenen Aussage eingesetzt als auch auf der unbewussten Ebene von nicht sprachwissenschaftlich speziell ausgebildeten Sprechern im Alltag durchgängig eingesetzt. Allen Unterschieden in Einzelheiten wie dem unterschiedlichen Sprechrhythmus verschiedener Kulturen zum Trotz, stellt die Prosodie daher eine kulturübergreifende, weltweite Grundlage der sprachlichen Kommunikation dar, anhand derer auch beim Unverständnis der lexikalischen Aussage die emotionale Intention des Sprechenden auch ohne Kenntnis der Sprache verstanden werden kann. Sie hat somit neben allen andern Funktionen auch einen völkerverbindenden Effekt – der trotz der nicht zutreffenden Theorie der Univeralgrammatik, die sämtlichen Sprachen zugrunde liegen sollte[80] – der die weltweite Gleichheit aller Menschen durch die Parallelen der prosodischen Kommunikationsstrukturen betont und in den Mittelpunkt rückt.

---

77 Vgl. RICKHEIT, Gert/ HERRMANN, Theo/DEUTSCH,Werner: Psycholinguistik. Ein internationales Handbuch. De Gruyter. Berlin. 2003. S. 339.
78 Vgl. Ebd. S. 339.
79 Vgl. GRIMM, Hannelore/ENGELKAMP, Johannes: Sprachpsychologie. Handbuch und Lexikon der Psycholinguistik. Erich Schmidt Verlag. Berlin. 1981. S. 155.
80 Vgl. STENZEL, Achim: Die Entwicklung der syntaktischen Kategorien Nomen und Verb bei ein- und zweisprachigen Kindern. Gunter Narr Verlag. Tübingen. 1997. S. 5-11.

Literaturverzeichnis

Ayass, *Ruth*: Zwischen Innovation und Repetition: Der Fernsehwerbespot als mediale Gattung. In: Willems, *Herbert* (Hrsg.): Die Gesellschaft der Werbung. Kontexte und Texte. Produktionen und Rezeptionen. Entwicklungen und Perspektiven. Westdeutscher Verlag. Wiesbaden. 2002. S. 161.

Féry, *Caroline*: Laute und leise Prosodie. In: Blühdorn, *Hardarik*/Breindl, *Eva* (Hrsg.):Text – Verstehen. Grammatik und darüber hinaus. De Gruyter. Berlin. 2006. S. 164.

Gilles, *Peter:* Regionale Prosodie im Deutschen. Variabilität in der Intonation von Abschluss und Weiterweisung. De Gruyter. Berlin. 2005

Grimm, *Hannelore*/Engelkamp, *Johannes*: Sprachpsychologie. Handbuch und Lexikon der Psycholinguistik. Erich Schmidt Verlag. Berlin. 1981

Maas, *Utz*: Phonologie. Einführung in die Phonetik des Deutschen.Vandenhoeck & Ruprecht. Göttingen. 2006

Ministerium für Generationen, Familie, Frauen und Integration des Landes Nordrhein-Westfalen, Referat Öffentlichkeitsarbeit (Hrsg.): Kinder bilden Sprache - Sprache bildet Kinder. Sprachentwicklung und Sprachförderung in Kindertagesstätten. Waxmann. Münster. 2009

Muders, *Katharina*: Manipulation durch Sprache insbesondere am Beispiel der politischen Rede. Grin. Norderstedt. 2007

Peukert, *Hagen*: Kindliche Kalkulation. Eine Computersimulation über den Einfluss stochastischer Informationen auf die Wortsegmentierung beim Erstsprachenerwerb. Kassel university press. Kassel. 2009

Reimann, *Sandra*: Werbung hören. Beiträge zur interdisziplinären Erforschung von Werbung im Hörfunk. Lit. Berlin. 2008

Rickheit, *Gert*/ Herrmann, *Theo*/Deutsch,*Werner*: Psycholinguistik. Ein internationales Handbuch. De Gruyter. Berlin. 2003

Schwender, *Clemens*/Wiest, *Manuela*/Kreeb, *Martin*: Meister Propper, die Kanzlerin und das Konkurrenzprodukt. In: Dörner, *Andreas*/Schicha, *Christian* (Hrsg.): Politik im Spot-Format. Zur Semantik, Pragmatik und Ästhetik politischer Werbung in Deutschland. Verlag für Sozialwissenschaften. Wiesbaden. 2008. S. 160.

Schwittala, *Johannes*: Gesprochenes Deutsch. Eine Einführung. 2., überarb. Auflage. Erich Schmidt Verlag. Berlin. 2003

SCHWITTALA, *Johannes*: Vom Sektenprediger zum Plauderton. Beobachtungen der Prosodie von Politikerreden vor und nach 1945. In: STEGER, *Hugo* u.a.: Texttyp, Sprechergruppe, Kommunikationsbetrieb. Studien zur deutschen Sprache in Geschichte und Gegenwart. De Gruyter. Berlin. 1994. S. 208f.

STEIN, *Stephan*: Textgliederung: Einheitenbildung im geschriebenen und gesprochenen Deutsch. De Gruyter. Berlin. 2003

STENZEL, *Achim*: Die Entwicklung der syntaktischen Kategorien Nomen und Verb bei ein- und zweisprachigen Kindern. Gunter Narr Verlag. Tübingen. 1997

SZAGUN, *Gisela*: Sprachentwicklung beim Kind. Vollst. überarb. Neuauflage. Beltz. Weinheim und Basel. 2006

TROJCA, *Peter*: Euphemismen und Politik. Grin. Norderstedt. 2006

UHMANN, *Susanne*: Fokusphonologie. Eine Analyse deutscher Intonationskonturen im Rahmen der nicht-linearen Phonologie. Niemeyer. Tübingen. 1991

UHMANN, *Susanne*: Grammatische Regeln und konversationelle Strategien. Fallstudien aus Syntax und Phonologie. Niemeyer. Tübingen. 1996

VAN GOGH, *Vincent*: Briefe. In: MÖRTENHUMMER, *Monika*/MÖRTENHUMMER, *Martin*: Zitate im Management. 2.,überarb. Aufl. Linde. Wien. 2009. S. 53.

WOLF, *Manuela*: Prosodische Merkmale von natürlichen Gesprächen zwischen Erwachsenen und Kleinkindern. Grin. Norderstedt. 2003